AF359940

# NAÏS,

## OPERA POUR LA PAIX,

### REPRESENTÉ

## PAR L'ACADEMIE ROYALE

## DE MUSIQUE,

### POUR LA PREMIERE FOIS,

*Le Mardi vingt-deux Avril* 1749.

*PRIX XXX SOLS.*

## AUX DEPENS DE L'ACADEMIE.

On trouvera les Livres de Paroles à la Salle de l'Opera & à l'Academie Royale
de Musique, rue S. Nicaise.

### M. D. C. C. XLIX.

*Les Paroles de Monsieur DE CAHUSAC.*

*La Musique de Monsieur RAMEAU.*

# ACTEURS CHANTANS

*Dans les Chœurs.*

| Côté du Roi. | | Côté de la Reine. | |
|---|---|---|---|
| *Mefdemoifelles.* | *Meffieurs.* | *Mefdemoifelles.* | *Meffieurs.* |
| Dun. | Lefebvre. | Cartou. | S. Martin. |
| Tulou | Le Page C. | Rôllet. | Gratin. |
| Delorge. | Laubertie. | Daliere. | Le Mefle. |
| Larcher. | Vaudemont. | Maffon. | |
| Cazeau. | Rafron. | Victoire. | Bertrand. |
| Duperey. | Fel. | Gondré. | Hordé. |
| Rofalie. | Bourque. | Lablotiere. | Levaffeur. |
| Le Tourneur. | Duchênet | Hery. | Bellot. |
| La Croix. | Rochette. | Folliot. | Chapotin. |
| | Le Roy. | Somervile. | |
| | François. | Gentil. | Favier. |

Naïs dont la voix & les traits enchanteurs font célébres dans la Fable, donna le jour & son nom à ces Nymphes des Eaux, qui ont été appellées Nayades. Les Mithologiftes fe taifent fur fa naiffance; ainfi on a cru pouvoir la faire defcendre de Tirefie, qui, outre Manto la Fée, dont parle Virgile, eut encore plufieurs enfans, dont on ignore l'hiftoire.

Tirefie, perdit la vue par la colére de Junon: il en fut dédomagé par les bienfaits de Jupiter. Les Poëtes en parlent comme du plus fameux Devin de la Grece, il avoit, difent-ils, une intelligence parfaite du langage de tous les animaux, & il prédifoit l'avenir fur le chant des oifeaux, qu'il entendoit comme fa langue naturelle; ils le font vivre fept fois plus que les autres hommes, &c.

Les jeux Ifthmiques, Ifmiens, ou Ifméens étoient auffi folemnels dans la Grece que les Jeux Olimpiques même. Ils furent inftitués dans l'Ifthme de Corinthe en l'honneur de Neptune à qui ce féjour étoit fpécialement confacré. Tous les peuples de la Gréce * venoient y admirer les combats du Cefte, de la Lutte &c. il y avoit encore des prix deftinés pour la courfe & pour la Danfe.

Ce fpectacle fait une des principales parties de cet ouvrage. On a efperé qu'il feroit agréable à une nation auffi polie & auffi inftruite que les peuples fameux de qui on l'a emprunté.

On ne parle point du Prologue : les circonftances de la Paix, que la générofité d'un Heros vainqueur rend à l'Europe, en ont fait naître l'idée : L'admiration des Peuples voifins, & l'amour de ceux qui lui font foumis la juftifient.

* A l'exception des Eléens.

# ACTEURS DU PROLOGUE.

| | |
|---|---|
| JUPITER, | M<sup>r</sup>. le Page. |
| NEPTUNE, | M. De la Tour. |
| PLUTON, | M<sup>r</sup>. Perſon. |
| FLORE, | M<sup>lle</sup>. Coupée. |

*DIEUX & DÉESSES du Ciel.*
*DIEUX & DÉESSES de la Terre.*
*TITANS & GÉANTS.*
*NYMPHES de la ſuite de FLORE.*
*PEUPLES de la Terre.*

# PERSONNAGES DANSANS.

*PAN,*     M<sup>r</sup>. LYONNOIS.

*POMONE.*     *VERTUMNE.*
M<sup>lle</sup> CARVILLE.     M<sup>r</sup> LAVAL.

*ZÉPHIR*     M<sup>r</sup>. TESSIER.

*Quatre Quadrilles de Peuples de la Terre.*

| | | | |
|---|---|---|---|
| *EUROP.* | M<sup>rs</sup>. { La Feuillade. / Beat. | M<sup>lles</sup>. { Deſiré. / Devaux. | |
| *AFFRIQ.* | M<sup>rs</sup>. { Aubri. / Laurent. | M<sup>lles</sup>. { Puvignié m. / Amedée. | |
| *ASIATIQ.* | M<sup>rs</sup>. { Bourgeois. / Mion. | M<sup>lles</sup>. { Imblot. / Parquet. | |
| *AMÉRIQ.* | M<sup>rs</sup>. { Caillé. / Le Lievre. | M<sup>lles</sup>. { Bellenot l. / Bellenot c. | |

# L'ACCORD
# DES DIEUX,
## *PROLOGUE.*

*Le théâtre repréſente les Airs. On voit ſur la terre les Titans & les Géants, qui entaſſent les monts pour eſcalader les cieux. Ils ſont conduits par la Diſcorde & la Guerre. Dans les airs on découvre Jupiter armé du foudre, & entouré des Dieux du ciel.*

L'ouverture eſt un bruit de guerre qui peint les cris & les mouvemens tumultueux des Titans & des Géants.

## SCENE PREMIERE

JUPITER dans les airs, avec LES DIEUX DU CIEL. La DISCORDE & la GUERRE, les TITANS & les GÉANTS, ſur la terre.

CHŒUR *de* TITANS *& de* GÉANTS.

Ttaquons les cieux,
Bravons le tonnerre,
Maîtres de la terre,
Détrônons les Dieux.

### JUPITER.

Le ciel frémit : la terre tremble.
Quels ravages ! Quels forfaits !

### PETIT CHŒUR DE DIEUX DU CIEL.

Tous les ennemis de la Paix
Se font ligués enfemble.

### CHŒUR DE TITANS.

Montons aux cieux :
Attaquons bravons le tonnerre :
Les Titans vainqueurs de la terre
Sont-ils moins puiffans que les Dieux.

### JUPITER.

Ah ! Sans des flots de fang, impitoyable guerre,
Ne peut-on éteindre tes feux ?

### CHŒUR DE DIEUX.

Lancez, lancez la foudre,
Tonnez, précipitez des ennemis jaloux.
Qu'ils foient réduits en poudre :
Qu'ils tombent fous vos coups.
Lancez, lancez la foudre.

*Pendant ce Chœur le théâtre paroît en feu : Le tonnerre gronde, la foudre éclate, elle terraffe les Titans, & renverfe fur les Géants les monts qu'ils avoient entaffés. Neptune, Pluton, & les Dieux de leur fuite viennent en foule fur le théâtre, & achevent de renverfer cette troupe rebelle.*      SCENE

## SCENE II.

JUPITER, Dieux du Ciel dans les airs.

NEPTUNE, Suite fur le devant du théâtre.

PLUTON, qui faifit la DISCORDE & la
GUERRE.

### PLUTON.

Arrêtez, monftres arrêtez,
Expiez dans les fers votre rage barbare.
Que n'êtes vous précipitez.
Dans les abîmes du Ténare !

*PLUTON, enchaîne la GUERRE & la DISCORDE,
pendant le commencement du Chœur qui fuit, il s'y
joint & enfuite refte en attitude.*

*NEPTUNE, Chœur de Dieux, PLUTON s'y joint.*

Triomphe, ô Jupiter ! redoutable vainqueur,
Regne, donne des loix à tout ce qui refpire.
Les Dieux te déferent l'Empire,
Qu'il foit le prix de la valeur !

### JUPITER.

Non, je n'abufe point d'une heureufe victoire,
Immortels, je vous dois l'exemple des vertus.

La Paix armoit mon bras ; ſes ennemis vaincus,
Vos vœux, & votre amour ſuffiſent à ma gloire.

Je n'ai point combattu pour vous donner des fers.

De notre amitié mutuelle
Qu'un accord glorieux ſoit le gage fidele :
Partageons entre nous le ſoin de l'Univers.

Je régne dans les cieux, ſur la terre & les airs.
Que Neptune régne ſur l'onde.

*à Neptune.*

Va calmer les fureurs, & des vents & des mers :
Qu'aux travaux des humains tes tréſors ſoient ouverts.

Que le flambeau des arts brille aux deux bouts du
monde.

*N E P T U N E.*

Je vôle, ou m'appelle ton choix :
Tu triomphes des cœurs, ta gloire eſt ton ouvrage.

Regle le ſort des Dieux, donne au monde des Rois ;
Il eſt plus glorieux d'en faire le partage,
Que de lui diſpenſer des loix.

Je vôle, ou m'appelle ton choix :
Tu triomphes des cœurs, ta gloire eſt ton ouvrage.

*NEPTUNE va prendre poſſeſſion de l'empire des mers.*

# SCENE III.

LES ACTEURS PRECEDENS.

### JUPITER.

AU fonds des gouffres éternels,
Pluton cours enchaîner la Difcorde, & la Guerre:
Dieu jufte fois l'efpoir, & l'effroi des mortels;
Régne avec la vangeance au centre de la terre.

### PLUTON.

Il faut qu'un pouvoir rigoureux,
Soit l'appui de la Paix dont le régne commence.
Je ferai le vangeur de la terre & des cieux,

Sois leur amour par ta clémence.
Mon bras punit & récompenfe,
Fiers tirans fremiffés d'effroi :
Il eft un jour pour la vengeance.

*à la Difcorde & à la Guerre.*
Monftres odieux fuivez moi.

Refpire timide innocence :
L'aîle du tems détruit une affreufe puiffance,
Je fuis immortel comme toi.

*Il fe précipite dans les entrailles de la terre avec la Difcorde & la Guerre.*

# SCENE IV.

JUPITER, DIEUX DU CIEL.

*JUPITER.*

C'Eſt ſur vos ſoins divers que mon eſpoir ſe fonde :
Qu'un éternel concert réuniſſe vos vœux.
La Paix, l'Ordre & les Arts, font le bonheur du
    monde ,
    Et ſon bonheur fait la gloire des Dieux.

    Ne craignez plus le bruit des armes,
    Dieux de la terre accourez tous :
Et vous peuples ceſſez de répandre des larmes ;
    Je n'ai triomphé que pour vous.

## SCENE V.

JUPITER, Dieux du ciel dans les airs :
FLORE, Dieux & Déeſſes de la terre, Peuples
de diverſes nations ſur le théâtre.

*CHŒUR de Dieux du Ciel & de la Terre, &
de Peuples.*

HEureux vainqueur, le ciel, la terre & l'onde,
Ne doivent leur bonheur qu'à tes ſoins glorieux.
L'accord des Dieux
Donne la paix au monde

*Entrée des Dieux & des differens Peuples de la Terre.*

FLORE.

Ah ! Que la Paix nous promet de douceurs,
Le calme va régner dans l'empire de Flore,
Et le plaiſir dans tous les cœurs.

Le doux Printems renaît ſans nous couter des pleurs,
Chaque nouvelle aurore,
Nous allons voir éclore
Autant d'amours que de fleurs.

## BALLET FIGURÉ.

*Il eſt formé par les **Zéphirs**, & les **Nimphes** ſuivantes de Flore. Sous leurs pas on voit naître les fleurs & la verdure.*

### F L O R E.

Brillez de mille attraits nouveaux
Beaux arts, ranimez vos travaux,
Faites régner les jeux, répandez la lumiere.

La Paix vous ouvre la barriere.
Rempliſſez au ſein du repos,
La plus éclatante carriere.

*On danſe.*

### J U P I T E R.

Dans une heureuſe intelligence
Veillez Dieux de la terre au bonheur des mor-
tels.
Qu'ils revérent mes loix, ſans craindre ma puiſ-
ſance:
Ce n'eſt qu'à la reconnoiſſance
Que je veux devoir des autels.

*JUPITER, & les Dieux & Déeſſes qui l'entourent, montent dans les Cieux. Les Dieux & les Peuples de la Terre chantent pendant ce tems le Chœur ſuivant, ſur lequel on danſe.*

*C H Œ U R de Dieux & de Peuples de la Terre.*

Heureux vainqueur, le ciel, la terre & l'onde,
Ne doivent leur bonheur qu'à tes soins glorieux.

L'accord des Dieux
Donne la paix au monde.

*FIN DU PROLOGUE.*

# ACTEURS.

NAÏS, *Nymphe du sang de Tiresie.* M<sup>lle</sup>. Fel.

NEPTUNE,                  M<sup>r</sup>. Jeliotte.

PALEMON,                M<sup>r</sup>. Perſon.

TELENUS, *Chef des Peuples de Corinthe, Amant de* NAÏS.      M<sup>r</sup>. De Chaſſé.

ASTERION, *Chef des Paſteurs de l'Iſthme, Amant de Naïs.*      M<sup>r</sup>. Poirier.

TIRESIE,                  M<sup>r</sup>. Le Page.

UNE BERGERE,         M<sup>lle</sup> Coupée.

UNE JEUNE BERGERE, *danſante & chantante,*      M<sup>lle</sup>. Puvignée.

DIVINITÉS DES MERS, *déguiſées en Matelots de toutes les Nations.*

DIVINITÉS DES MERS, *déguiſées en Habitans de toutes les differentes côtes de la Mer.*

PEUPLES *de Corinthe.*

PEUPLES *de l'Iſthme.*

PEUPLES *de Gréce.*

BERGERS, BERGERES & PASTRES,

# PERSONNAGES DANSANS.
## ACTE PREMIER.

*Premier Divertissement.*

### ATHLETES POUR LA LUTTE.

M<sup>r</sup>. D U P R É.

M<sup>rs</sup>. Dumay, Matignon, Dupré, Laval,
le Lievre, Feuillade.

### ATHLETES POUR LE CESTE.

M<sup>rs</sup>. D E V I S S E, & L Y O N N O I S.

### POUR LE JEU DE LA COURSE.

M<sup>lles</sup>. S. Germain, Courcelle, Minot, Thierry,
Dazenoncourt, Sauvages.

*Second Divertissement.*

*DIVINITÉS DES MERS déguisés en Matelots
de divers Nations.*

M<sup>lle</sup> C A M A R G O.

M<sup>r</sup> M I O N, M<sup>lle</sup> L A N Y, M<sup>r</sup> B E A T.

M<sup>rs</sup>. Caillé, Laurent, Bourgeois, Aubri.

M<sup>lles</sup>. Amedée, Devaux, Desiré, Briseval,
Bellenot l. & Bellenot c.

C

## *ACTE SECOND*

### *BERGERS & BERGERES.*

M^r D U M O U L I N, M^lle P U V I G N É E.

M^rs. Hamoche, Bourgeois, Aubri, le Lievre,
Feuillade & Caillé.

M^lles. Amedée, Bellenot l., Bellenot c., Imblot,
Parquet & Puvignée m.

### *P A S T R E S.*

M^r L A N Y, M^lle. L Y O N N O I S.

M^rs. Mion, Laurent, Beat.
M^lles. Dazenoncourt, Brifeval, Sauvage.

## *ACTE TROISIÉME.*

### *BASQUES & AUTRES HABITANS*
#### *des cotes Maritimes.*

M^r. L A N Y.

M^lles. D A L L E M A N D & L A N Y.

M^r A U B R Y, M^lle. L Y O N N O I S, M^r LE L I E V R E.

M^rs. Matignon, Hamoche, Dupré, Dumay,
Laval, Laurent, Mion & Beat.

M^lles. S. Germain, Courcelle, Minot, Thierry,
Defiré, Dazenoncour, Sauvages, Bellenot l.

# N A I S,

## *OPERA POUR LA PAIX.*

## ACTE PREMIER·

*Le théâtre repréfente le rivage de l'Ifthme de Corinthe, où doivent fe célébrer les jeux Ifthmiques. Les deux côtés font des bois, la mer eft dans le fond.*

L'Acte commence au jour naiffant.

## SCENE PREMIERE·

N E P T U N E, fous un habit Grec.

PROTÉE, Suite de Neptune, PALEMON, déguifé comme Neptune.

*N E P T U N E.*

QUE ces paifibles bords , que ces bois font charmans.
Que j'aime la douceur de l'air qu'on y refpire !                               *à fa fuite.*

Il donne fon trident à Prothée.

Suivez Protée, allez, rentrez dans mon empire :
Vous paroîtrez bien-tôt fous les déguifemens
Qu'il aura foin de vous prefcrire.

# SCENE II.

## NEPTUNE, PALEMON déguifés.

### *N E P T U N E.*

Palemon l'Amour eft vengé.
Que je fuis amoureux ! Que mon cœur eft changé !

Je ne fuis plus ce Dieu volage
Auffi léger que les zéphirs.

Le charme vainqueur qui m'engage
Eft un penchant plus vif, plus doux que les défirs.

Je ne fuis plus ce Dieu volage,
Auffi léger que les zéphirs.

J'aime ma langueur, mes foupirs,
Et j'adore mon efclavage :
Les feux dont j'ai brûlé, font à peine l'image
De ma flâme, & de mes plaifirs.

Je ne fuis plus ce Dieu volage,
Auffi léger que les zéphirs.

*P A L E M O N.*

Sans amour empreſſé de plaire,
Vous fuyiez l'ombre & le miſtére :
Le Dieu s'applaudiſſoit des ſuccès de l'amant.
Pourquoi ſous ce déguiſement
Cacher une flâme ſincére ?

*N E P T U N E.*

J'en rougis... le dirai-je ?.. à l'objet de mes feux,
Je crains de me faire connoître.

Je n'ay jamais formé que de volages nœuds ;
Quand je deviens hélas ! Le plus conſtant des Dieux,
Puis-je eſpérer de le paroître ?
Qu'il eſt cruel & dangereux
De paſſer pour léger quand on ceſſe de l'être !

*P A L E M O N.*

Et ! Quels ſont les appas vainqueurs ?..

# S C E N E  III.

NAÏS, qu'on entend & qu'on ne voit point encore.

NEPTUNE & PALEMON, déguisés.

*N A Ï S, qu'on ne voit point.*

ACourés àmavoix, volés jeux enchanteurs,
　　Raſſemblés vous ſur ce rivage.

*N E P T U N E.*

Dieux ! Quel accens flateurs !.. •
Viens écoutons.

Neptune & Palemon ſe retirent a un des côtés du théâtre pour écouter
Nais ſans être vûs.

*N A Ï S, qui traverſe le théâtre.*

Les cieux brillans & ſans nuage,
Peignent déja les mers de leurs vives couleurs :
Les premiers feux du jour ſous ce naiſſant feuillage
　　Raniment le parfum des fleurs.
Accourez à ma voix, volez jeux enchanteurs,
　　Raſſemblez vous ſur ce rivage.

Elle entre dans la partie du bois oppoſée à celle dont elle eſt ſortie.

# SCENE IV.

NEPTUNE, PALEMON, déguisés.

*NEPTUNE.*

HÉlas peut-on l'entendre , & ne la pas aimer !

*PALEMON.*

Par ces divins accens , Naïs peut tout charmer :
Mille amans sans lui plaire ont soupiré pour elle.

Que vous aurés de gloire à l'enflâmer ,
Et qu'il lui sera doux de vous rendre fidelle !

*NEPTUNE.*

Sans suite & sans dessein je parcourois ces lieux :
J'entendis dans les airs ses chants mélodieux.
J'accourus... Que d'attraits !. En me voyant paroître
Son trouble accrut encor l'éclat de ses beaux yeux.

Elle me fuit sans me connoître ;
Mais un regard victorieux
Acheva d'allumer les feux ,
Que ses accens avoient fait naître.

*PALEMON.*

Au plus illustre sang la Nimphe doit le jour ,
Elle ordonne les jeux que l'Isthme vous aprête.

Avec l'éclat d'un Dieu paroiffez à la fête;
Faites parler pour vous, & la gloire & l'amour.

*N E P T U N E.*

Non non, je ne ferois que refpecté peut-être :
J'afpire au bonheur d'être aimé.
L'amour feul peut flatter un cœur qu'il a charmé ;
Suis moi : je dois encore pour un tems difparoître.

# S C E N E   VI.

## N A Ï S, *feule.*

Tendres oifeaux éveillez vous,
Chantez. Votre bonheur renaît avec l'Aurore.

Si l'amour vous ravit au repos le plus doux,
C'eft pour vous prodiguer des biens plus doux
encore,
Ses peines ne font que pour nous.

Tendres oifeaux éveillez vous,
Chantez. Votre bonheur renaît avec l'Aurore.

SCENE

# SCENE VI.

## TELENUS, NAÏS.

### TELENUS.

AVant que le Soleil forte du fein des eaux,
Je vôle fur vos pas, je préviens mes rivaux,
   Je penfe à vous quand tout fommeille.
   Eft-ce pour des tourmens nouveaux
   Que l'amour jaloux me reveille ?

### NAÏS.

   J'ai trop connu par vos foupirs,
Les rigueurs de l'amour, & le poids de fes chaînes.
   Vous me faites craindre fes peines,
   Sans m'éclairer fur fes plaifirs.

### TELENUS.

Ingrate, vos dédains font le prix de mes larmes.
L'amour de votre cœur ne peut troubler la paix,
Et pour mieux triompher, il fe fert de vos charmes.
Il devoit vous donner pour l'honneur de fes armes
   Un cœur plus tendre, ou moins d'attraits.

### NAÏS.

Si je ne puis aimer n'ayez donc plus d'allarmes.

D

Vous avez des rivaux aussi tendres que vous :
Je vois des mêmes yeux & leur flamme & la votre.

Jouiriez vous d'un sort plus doux
Si je soupirois pour un autre ?

T E L E N U S.

Je le verrois du moins expirer sous mes coups.

*On entend le prélude de la Fête.*

N A Ï S.

On vient. De vos fureurs calmez la violence.
Ne troublez point nos Jeux par vos transports
     jaloux :
Rien n'appaiseroit mon courroux,
Et je sçais haïr qui m'offense.

*Entrée de differens Quadrilles , qui doivent former les
Jeux Isthmiques.*

---

# SCENE VII·

NAÏS, TELENUS, ASTERION, suite
de Peuples de Corinthe, de l'Isthme, & de Grece.

*A S T E R I O N*, à Naïs.

QUe ce jour consacré par la reconnoissance
Est cher à mon cœur amoureux !

Neptune fait régner la paix dans ces beaux lieux ,
Nous venons avec vous célébrer ſa puiſſance :
Nimphe , du ſein des mers ce Dieu verra nos jeux ,
S'embellir par votre préſence.

#### N A ï S.

Peuples d'un Dieu puiſſant méritez les bienfaits.
Nos jeux vont vous ouvrir les chemins de la gloire :
Jouiſſez des honneurs que promet la victoire ,
Sans ceſſer de jouir des douceurs de la paix.

### TE LENUS , NAÏS , ASTERION , CHŒUR.

Chantons le Dieu des Eaux , qu'à nos voix tout ré-

ponde.

Que nos accords harmonieux ,

GRAND CHŒUR.{ Percent les abîmes de l'onde.
PETIT CHŒUR. {    S'élevent juſqu'aux cieux.

NAïs ſe place ſur un trône , qui eſt à un
des deux côtés du Théâtre.

## BALLET FIGURÉ.

DISPUTE du Prix du Ceſte , de la Lutte , &
de la Courſe.

*Ce ballet commence par ſix Athletes qui viennent diſpu-
ter le prix de la Lutte. Ce pas eſt coupé par deux nouveaux Athletes , qui diſputent le prix du Ceſte. Il en
ſurvient un troiſiéme qui defie au combat tous les autres.
Ceux-ci le refuſent : il danſe fierement ſon entrée.*

*Une quadrille de jeunes Grecques paroît & diſpute le prix
de la Courſe.*

*La Lutte reprend enſuite. Le premier Athlete ſe préſente
une ſeconde fois ; perſonne n'oſe le combattre : il danſe
une ſeconde Entrée, & Naïs le couronne.*

# SCENE VIII.

*Une Symphonie brillante se fait entendre. On voit sur la Mer des Barques legeres & Galantes, leurs voiles de plusieurs couleurs vôlent au gré des Zéphirs. Les Divinités de la Mer, deguisées en Matelots de diverses Nations, paroissent sur ces Barques. PROTÉE & PALÉMON deguisés, sont à leur tête. Tous ces Peuples portent des rameaux d'or, des perles, &c.*

NAÏS, TELENUS, ASTERION,
Peuples de Grece, de Corinthe & de l'Isthme,
PROTÉE, PALEMON, DIVINITÉS
DE LA MER, sous leurs differens déguisemens.
NEPTUNE déguisé, qui paroit sur la fin
du Chœur suivant.

*CHŒUR DE DIVINITÉS de la Mer déguisées.*

Encore sur les Vaisseaux.

CHantons Naïs, chantons le Dieu des
mers.
De leurs noms glorieux que l'onde retentisse.

*TELENUS, NAÏS, ASTERION.*

Ciel ! Quel spectacle ! Quels concerts !

## N A Ï S
### *C H Œ U R.*

Chantons Naïs, chantons le Dieu des mers :
De leurs noms glorieux que l'onde retentiſſe.
Qu'ils éclatent dans les airs ;
Qu'à jamais l'écho les uniſſe.

Pendant ce chœur toutes les Divinités de la mer débarquent.
Neptune paroît à leur tête.

*N A Ï S à part en appercevant Neptune.*

C'eſt lui-même... Ah ! Cachons le penchant dangereux...

*Haut à Neptune.*

Sur ces paiſibles bords quel deſſein vous appelle ?
Par de coupables chants pourquoi troubler nos Jeux ?
Oſez-vous à Neptune, à ſon nom glorieux
Unir le nom d'une mortelle.

### *N E P T U N E.*

Tout cede au charme de vos yeux,
Et ce noble courroux vous rend encor plus belle.
Dans ces Jeux ſolemnels vos chants mélodieux
Brillent d'une beauté nouvelle.

Quand on chante ſi bien les Dieux
On doit jouir comme eux
D'une gloire immortelle.

### *T E L E N U S à part.*

Ciel ! Encor un Rival ! O ! Contrainte cruelle !

*NEPTUNE.*

C'eſt la fête du Dieu des eaux
Qui nous conduit ſur ce rivage.
Il a ſecondé nos travaux ,
Nimphe ſouffrez que notre homage
Eclate par des Jeux nouveaux.

## BALLET FIGURÉ.

*Les Divinités des Mers deguiſées , diſtribuent les richeſſes dont elles ſont chargées aux Peuples qui ſont en Scene ; & diſputent le prix de la Danſe.*

*NEPTUNE.*

Au Dieu des Mers voulez-vous plaire ?
De l'Amour dans vos Jeux peignez tous les appas.
Que ſa flamme anime vos pas.
Qu'il regne ſur ces bords comme il regne à Cithere.

Les reſpects que l'on rend aux Dieux
Les flatent bien moins qu'on ne penſe.
C'eſt la crainte qui les encenſe ;
Et l'amour ſeul eſt digne d'eux.

Au Dieu des Mers , &c.

*TELENUS , bas à NAïS.*

Quoi ! Vous ſouffrez qu'un témeraire . . .

*NAïS.*

Craignez de m'irriter.

*T E L E N U S.*

Je pars pour ne pas éclater ;
Mais qu'il redoute ma colere.

*Il sort.*

---

# SCENE IX.

LES ACTEURS de la Scene précedente.

*Le Ballet de la dispute de la Danse reprend : il peint par un pas de trois , les jeux badins & legers que l'amour inspire dans le bel age.*

## C H Œ U R.

REgne , triomphe Dieu des mers
Ecoûte nos chants de victoire.
Que nos Jeux à jamais instruisent l'Univers
De notre amour & de ta gloire.

*FIN DU PREMIER ACTE.*

ACTE

# ACTE SECOND·

*Le fond du théatre represente une montagne coupée de bois, de cascades, naturelles, de routes fleuries &c. Au pied on voit l'entrée d'une Grotte : les deux côtés sont des arbres sans simetrie dont les branches touffues forment des berceaux de feuillage.*

---

# SCENE PREMIERE·

N A Ï S , N E P T U N E *déguisé.*

### N A Ï S.

A H ! Ne me suivez point.

### N E P T U N E.

Quelle injuste deffense !

E

*N A Ï S.*

Un Inconnu .pourroit troubler par fa préfence
  Le repos de ces lieux charmans.

Dans ce riant féjour le divin Tirefie
Raffemble autour de lui les plaifirs innocens.
C’eft ici qu’il jouit malgré le poids des ans ,
  Des doux loifirs d’une paifible vie.

   *N E P T U N E.*

Du plus fombre avenir le voile ténébreux
   Devant lui tombe , ou fe déchire.
La nature & le fort fe plaifent à l’inftruire
Des prodiges fecrets qu’ils cachent même aux Dieux.

Vous devez la naiffance à fon fang glorieux ,
  Et dans mon cœur fans doute il pourra lire.

   *N A Ï S.*

Le deftin fe referve un don fi prétieux.

   On peut fe parer fans rien craindre
   Des dehors les plus féducteurs :
On n’a point trouvé l’art de lire dans les cœurs :
   Les mortels feroient trop à plaindre.

   *N E P T U N E.*

  Mon fort feroit moins rigoureux.

  Qu’aurois-je à craindre de vos yeux
S’ils pouvoient pénetrer jufqu’au fonds de mon ame?

Hélas ! Pour la plus pure flâme
Qu'aurois-je à craindre de vos yeux.

*N A ï S , bas.*

Ciel ! Qu'entens-je !...

*N E P T U N E.*

L'Amour, dont je bravois l'empire ,
Enflâme mon cœur pour jamais :
Vous voyez malgré moi les transports qu'il m'ins-
pire.
Je m'expose peut-être aux plus cruels regrets ;
Mais j'en tais cent fois plus que je n'en ose dire.

*N A ï S.*

On croit devoir à nos appas
Un hommage ou feint, ou sincere.
Si vous semez quelques fleurs sur nos pas,
Leur éclat ne dure guere.
Vos cœurs volages n'aiment pas ,
Tous vos vœux se bornent à plaire.

*N E P T U N E.*

Ah ! Ma flâme...

*N A ï S.*

Il est tems que vous quittiez ces lieux...

*N E P T U N E.*

Quoi sans savoir...

*N A ï S.*

Ici je ne ſuis point tranquille....
Je vous l'ai déja dit ... allez ... dans cet azile
L'aſpect d'un inconnu bleſſeroit tous les yeux.

*Elle l'entraîne hors du théâtre.*

## SCENE II.

### N A ï S *ſeule.*

Dois-je le croire ? Ah ! Dieux ! ... Fuyez
  triſtes allarmes :
Sur le plus tendre cœur c'eſt regner trop longtems.
  Laiſſez-moi goûter tous les charmes.
  Des nouveaux tranſports que je ſens.

  Ces rapides traits de flamme
   Qui triomphent malgré nous ,
  Amour ſont les traits les plus doux
  Que tu peux lancer dans notre ame.

Quoi, dans l'heureux inſtant de cet aveu flatteur
Qui ſemble me donner une nouvelle vie,
  Ma bouche ne m'a point trahie,
Et je puis ſans danger aſſurer mon bonheur.

  Ces rapides traits de flamme
   Qui triomphent malgré nous ,

Amour , sont les traits les plus doux
Que tu peux lancer dans notre ame.

# SCENE III.

### TELENUS, NAÏS.

#### TELENUS.

MA jaloufe tendreffe a dû vous allarmer :
Voyez-moi deformais d'un œil plus favorable,
　　　Des foins plus doux vont m'animer.
　　　Je fens que pour fe faire aimer ,
　　　Il faut fçavoir fe rendre aimable.

#### NAÏS.

　　La jaloufie a des fureurs
　　　Qui peuvent nous paroître à craindre ;
　　Mais fes tourmens & fes erreurs
　　Sont des maux qu'on ne fçauroit plaindre.

Ceffez d'être jaloux, vous ferez plus heureux.

#### TELENUS.

C'en eft fait… Mais que vois-je ? Une gaité nouvelle
Ranime tous vos traits, & fe peint dans vos yeux !

 **N A Ï S,**

*N A Ï S.*

Pourroit-il pénetrer !...

*T E L E N U S.*

A mes foins amoureux
Vais-je vous trouver moins rebelle ?
Non je ne ferai plus inquiet , ni jaloux.
Je verrai mes rivaux fans trouble , & fans courroux.
Du divin Tirefie ils viennent tous apprendre
Le deftin qu'ils doivent attendre ;
Mais mon cœur ne connoît d'autre Oracle que vous.

*N A Ï S.*

Je dois voir Tirefie . . . on pourroit le furprendre.
*en partant.*
Je doute qu'il cede à leurs vœux.

*T E L E N U S qui la retient.*

D'une ame trop fenfible excufez la foibleffe.
Ne craignez plus de ma tendreffe
Ces éclats toûjours odieux ;
Mais ce jeune Etranger qu'on a vu dans nos jeux...
Ah ! Si mon fort vous intereffe. . .

*N A Ï S.*

Non vous ne ferez plus inquiet ni jaloux.
Vous verrez vos Rivaux fans trouble & fans courroux.
*Elle s'échappe & elle entre dans la grotte
de Tirefie.*

# SCENE IV·

### *TELENUS feul.*

ELle rit du trait qui me bleffe.
Ah je fens ma fureur prête à fe rallumer . . .

Ceffez foupçons jaloux , ceffez de m'allarmer.
J'ai vu dans les regards de l'objet que j'adore
Des préfages flatteurs qui doivent vous calmer.

  L'amour fembloit les animer
  Du même feu qui me dévore.
  Son cœur , s'il n'aime pas encore ,
  Eft du moins fur le point d'aimer.

Ceffez foupçons jaloux , &c.

# S C E N E  V.

ASTERION, fuite de BERGERS, DE
BERGERES ET DE PASTRES;
TELENUS, fuite de Peuples.

### A S T E R I O N.

LEs ennuis de l'incertitude
Sont le fupplice le plus rude
Des tendres Amans.

Que ce jour enfin nous éclaire :
Aprenons ce qu'il faut que notre amour efpere
De nos foins & de nos tourmens.

Les ennuis de l'incertitude
Sont le fupplice le plus rude
Des tendres Amans.

### T E L E N U S.

Un doux efpoir flatte mon ame,
Et je fens qu'il ranime un défir curieux.
Mon cœur croira jouir des biens qu'attend ma flame,
Si l'avenir les revele à mes vœux.

### A S T E R I O N.

Tendres Bergers Troupe heureufe & cherie,
Le Divin Tirefie

A l'attrait

A l'attrait de vos jeux ne réfifta jamais.
Nos exploits dans vos champs ont ramené la Paix :
   A votre tour fecondez notre envie.

Chantez ; que vos accords brillent dans ce féjour :
Que les fleurs fous vos pas y paroiffent éclore :
     Qu'on n'y refpire que l'amour ,
     Et les plus doux parfums de Flore.

## BALLET FIGURÉ.

*Les Bergers qui portent des Corbeilles remplies de fleurs , les répandent fur le devant de la Grote de* TIRÉSIE. *Ils embeliffent la décoration en y attachant des guirlandes , qui forment les Chiffres de* TIRESIE & de NAïS.

### ASTERION, & le CHŒUR de Bergers.

   O Tirefie écoutez-nous.
Venez : à nos hautbois , à nos tendres mufettes
    Uniffez vos chants les plus doux.

### ASTERION feul.

Du beau jour qui nous luit vous n'êtes point jaloux.
Une douce gaïté regne aux lieux où vous êtes ;
Il femble que les Dieux l'enchaînent près de vous.

### Avec le CHŒUR.

   O Tirefie écoutez-nous.

Venez : à nos hautbois, à nos tendres mufettes
Uniſſez vos chants les plus doux.

---

# SCENE VI.

TIRESIE, NAÏS, ſuite de TIRESIE,
TELENUS, ſuite ; ASTERION ;
ſuite de BERGERS, de BERGERES & de PASTRES.

*TIRESIE à NAÏS, ſur le bras*
*de laquelle il eſt appuyé.*

LA voix des plaiſirs m'appelle,
Ceſſez, ceſſez de m'arrêter.
La voix des plaiſirs m'appelle :
Eh ! Pourquoi lui réſiſter ?
Le cœur ne doit écouter qu'elle.
*Aux Bergers.*
Reprenez vos Concerts charmans.

Chantez, riez ſans ceſſe,
Aimable jeuneſſe
Jouiſſez de votre printems.
Cedez à la tendreſſe,
Aimez, le tems preſſe :
Connoiſſez le prix des beaux ans.

*C H Œ U R de la suite de TIRESIE.*

Chantez, riez sans cesse

Aimable jeunesse

Jouissez de votre primtems.

Cedez à la tendresse,

Aimez, le tems presse,

Connoissez le prix des beaux ans.

> Pendant ce Chœur, Tiresie & Naïs vont
> s'asseoir sur un lit de Mousse, qui est placé
> à l'un des cotés du théâtre.

*T I R E S I E.*

De votre bonheur extrême

Menagez un doux souvenir.

Je crois rajeunir

En songeant à l'âge où l'on aime.

Pour un Cœur qui sçait en jouir

Le présent, l'avenir,

Le passé même,

Tout est plaisir.

*C H Œ U R de la suite de TIRESIE.*

Chantez, riez sans cesse, &c.

*Les Bergers & les Bergeres forment un Ballet autour
de Tiresie ; ils lui offrent des fruits & des fleurs.*

*T I R E S I E.*

D'un voile épais mes yeux pour toûjours font
couverts. F ij

Mais Jupiter m'éclaire, il soûtient mon courage,
Et sa faveur me dédomage
Du spectacle de l'Univers.

Mes ans sans m'accabler s'écoulent d'âge en âge,
J'ai présens tous les tems, tous les êtres divers :
Des peuples amoureux qui vôlent dans les airs
J'entens, j'explique le langage ;
L'avenir, pour moi sans nuage,
Se peint dans leurs tendres concerts.

Venez tous, venez apprendre
Le sort qu'auront vos soûpirs.

Ouvrez-moi votre cœur, le mien à vous entendre
Retrouve encor le charme des désirs.
Je plains les maux d'une ame tendre,
Et je partage ses plaisirs.

Venez tous, venez apprendre
Le sort qu'auront vos soûpirs.

*On danse autour de Tiresie.*

*U N E   B E R G E R E, à Tiresie.*
Au Berger que j'adore
Je parle, ou pense tout le jour :
Du soir au lever de l'aurore,
Son image encore
Occupe, & flate mon amour.

Je ne demande point s'il deviendra volage,

De fon cœur tout doit m'affurer ;
Mais ne puis-je pas efperer
De l'aimer encor davantage ?

*TIRESIE.*

Non, non, vous jouiffez du bonheur le plus doux.
Rendez grace à l'amour, il a tout fait pour vous.

*BALLET FIGURÉ.*

*Une jeune Bergere veut s'approcher de Tirefie, elle en
eft écartée par deux Paftres, qui lui coupent le che-
min, & qui veulent fe faire écouter avant elle ; les
Bergers les éloignent, elle approche, & elle chante la
Mufette fuivante.*

*UNE JEUNE BERGERE*, à *Tirefie.*

Je ne fçai quel ennui me preffe :
Eft-ce une peine ? Eft-ce un plaifir ?

Je ne vois plus fans rougir
Un Berger qui me fuit fans ceffe.
Il m'inquiete, & m'intereffe,
Je le crains, je foupire, & je ne puis le fuir :

Dites-moi d'où nait ma foibleffe ;
Mais gardez-vous de m'en guérir.

*TIRESIÉ.*

Ne craignez point d'entendre
L'heureux Berger pour qui vous foûpirez.

Ce n'eft que d'un cœur auffi tendre
Qu'une Bergere doit apprendre
Le fecret que vous ignorez.

### LA JEUNE BERGERE.

Si c'eft à lui de m'en inftruire
Ah ! Qu'à propos vous m'infpirez ?
Je le vois : je cours le lui dire.

### BALLET FIGURÉ.

*Pas de deux du jeune Berger & de la jeune Bergere,*
*les Bergers, les Paftres & les Bergeres s'y joignent,*
*& il devient genéral.*

### ASTERION, à TIRESIE.

Nous portons les plus rudes chaînes.
L'infenfible Naïs doit elle aimer un jour ?
Duffiez - vous redoubler nos peines,
Aprenez-nous le fort que nous garde l'Amour.

*Les Oifeaux qui font fous les berceaux de feuillages*
*paroiffent s'éveiller.*

### TIRESIE.

Tout femble s'animer fur ce naiffant feuillage.
Heureux Oifeaux l'Amour veut-il vous infpirer ?
Quels fons brillans ! ... Quel doux
ramage !
L'avenir va fe déclarer.

*Les Oifeaux chantent : ils prononcent l'Oracle ; Tirefie*
*l'explique à mefure qu'ils le prononcent.*

### TIRESIE.

Ciel! Qu'entends-je.. Brifez vos fers :
Craignez du Dieu des mers
La fureur vengereffe . . .

Quel eft cet Inconnu ? Quel éclat ! Quels concerts!
Sous fes pas quels gouffres ouverts !..
Naïs, un doux penchant te preffe,
L'Amour triomphe & je te perds.

*Il rentre dans fa Grote.*

# SCENE VII.

# NAÏS, TELENUS, ASTERION,

Suites, Bergers, &c.

### CHŒUR.

Quel Oracle ! O Neptune ! O fatale colere.

*Les Bergers fortent.*

## SCENE VIII.

### N A Ï S, T E L E N U S, ASTERION, Suite.

De coupables Concerts ont armé le courroux
D'un Dieu redoutable & fevere.

*T E L E N U S à Afterion.*

Courons fléchir ce Dieu jaloux
En verfant tout le fang d'un Rival temeraire.

*TELENUS, ASTERION, CHŒUR.*

Aux armes, vengeons-nous :
Que la mort, & la flâme volent :
Quelles l'immolent
A notre courroux.

Naïs fort pendant ce Chœur.

*FIN DU SECOND ACTE.*

ACTE

# ACTE TROISIEME.

*Le devant du théâtre repréſente un Promontoire, dont la Mer baigne le pied. Les deux côtés ſont couverts d'Orangers, de Mirthes & de Citronniers. La perſpective du fonds, eſt la Mer & l'Horiſon. On y voit à la rade les Barques brillantes qui ont paru aux Jeux Iſthmiques. L'Acte commence ſur la fin de la nuit, & le théâtre s'éclaire d'une maniere inſenſible pendant la premiere Scene.*

## SCENE PREMIERE.

*NEPTUNE deguiſé.*

A jeune Nimphe que j'adore
Paroît au jour naiſſant dans cet heureux ſéjour.

G

Elle femble y prêter des charmes à l'Aurore
    Dont elle chante le retour.

    Doux momens hâtez-vous de naître,
    Obfcure nuit fais place au jour :
    En te preffant de difparoître ,
Pour la premiere fois favorife l'Amour.

    Hélas ! Qu'une fincere flâme
    Porte de trouble dans une ame !
    Je crains , j'efpere tour à tour...

    Mais déja l'Horifon s'éclaire ,
    Les heures, que le tems conduit,
    Du jour vont ouvrir la barriere :
    L'air fe colore , l'ombre fuit.

    Le feu des aftres de la nuit
    Cede à l'éclatante lumiere
    De l'aftre brillant qui les fuit.

Le jour paroît hélas ! Sans la Nimphe que j'aime,
Je n'entens point encor les accens de fa voix...
Ah ! Mon cœur me l'annonce , elle vient...Je la
    vois.

## SCENE II.

NAÏS, NEPTUNE *deguisé*.

### NEPTUNE.

O Ciel ! D'où naît ce trouble extrême ?

### NAÏS.

Fuyez Etranger malheureux.
Croyez-en mes vives allarmes.
Vos chants ont prophané nos Jeux :
On vous menace, on court aux armes.
Vous avez contre vous les Mortels & les Dieux.

### NEPTUNE.

Que l'Univers entier me déclare la guerre ;
Je ne crains que votre rigueur.

Ah ! Si d'un doux espoir vous flattiez mon ardeur,
Le Dieu qui lance le tonnere
Descendroit en vain sur la terre
Pour me disputer votre cœur.

### NAÏS.

Que peuvent d'un Mortel la force & le courage,
Contre mille ennemis armés pour son trépas ?
Partez… éloignez-vous… jeune Etranger, hélas!

Quel fort fatal fur ce rivage
　　　A pu guider vos pas ?

*N E P T U N E.*

L'Amour me guide & fa flâme m'éclaire :
J'afpire au feul bonheur digne de ▉▉ charmer.
Mon cœur connoît le prix du retour qu'il efpere,
Par le plaifir qu'il goûte à vous aimer.

*N A Ï S.*

Hélas ! Que les plus douces chaînes
　　Coûtent de pleurs & de foûpirs !
L'Amour s'offre à nos cœurs precedé des plaifirs,
　　Il n'eft fuivi que par les peines.

*C H Œ U R derriere le théâtre.*

Allumez-vous rapides feux,
Volez fecondez notre rage.

*N E P T U N E.*

Ciel ! D'où partent ces cris affreux ?

*N A Ï S.*

Ils font le fignal du carnage.

# SCENE III.

*On découvre sur la Mer des Vaisseaux qui voguent à pleines voiles vers les Barques legeres qui ont paru aux Jeux Istmiques, & qui sont à la rade. Telenus & Asterion avec leurs suites, y paroissent armés & avec des torches ardentes.*

NEPTUNE , NAÏS sur le devant du théâtre ,
TELENUS , ASTERION & leurs suites
sur leurs Vaisseaux dans la perspective.
PROTÉE & PALEMON deguisés , sur les
Barques de Neptune qui sont à la rade.

| TELENUS, ASTERION, CHŒUR. | PALEMON, PROTE'E, CHŒUR. | NEPTUNE, NAIS. |
|---|---|---|
| Allumez - vous rapides feux, Volez secondez notre rage. | Tremblez audacieux. Fuyez , craignez Neptune , Il est sur ce rivage. | Quels transports furieux. **NAIS.** Quelle vengeance ! **NEPTUNE.** Quel outrage ! |

*Telenus & Asterion abordent les Vaisseaux de Neptune ; prets à y mettre le feu , la Mer se souleve.*

<table>
<tr><td>TELENUS, ASTERION,<br>CHŒUR.</td><td>PALEMON, PROTE'E,<br>CHŒUR.</td></tr>
<tr><td>Allumez vous rapides feux.</td><td>Que les flots impetueux</td></tr>
<tr><td>Volez fecondez notre rage.</td><td>Eteignent votre rage</td></tr>
<tr><td>Ciel! O Ciel! Quel fort rigou-<br>reux!</td><td>Periffez tous audacieux.</td></tr>
</table>

*Des vagues immenfes engloutiffent les vaiffeaux de Telenus & d'Afterion.*
*La Mer refte agitée, & ne s'apaife qu'infenfiblement.*

# SCENE IV.

## NEPTUNE deguifé ; NAÏS.

### NEPTUNE.

Les flots les ont punis.

### NAÏS.

Quel fuplice ! Je tremble.

Ah ! L'Oracle , leur fort, & la mer en fureur
Annoncent à mon cœur
Tous les malheurs enfemble.

### NEPTUNE.

Que mon amour eft allarmé
Des pleurs que je vous voi répandre !
Ne donnez-vous une pitié fi tendre
Qu'au malheur d'un Rival aimé ?

*N A ï S.*

Quittez ce funefte rivage :
Ne voïez point mes pleurs, cachez-moi vos regrets.
J'ai befoin de tout mon courage :
Il faut nous féparer pour ne nous voir jamais.

*N E P T U N E.*

Armez-vous contre moi d'une rigueur nouvelle,
Otez-moi jufqu'au moindre efpoir ;
Mais du moins laiffez-moi cruelle
La douceur de vous voir.

*N A ï S.*

Chaque inftant accroît mes allarmes..
Oubliez de foibles attraits.
Que le ciel touché de mes larmes,
Faffe couler vos jours dans la plus douce paix.
Adieu : féparons-nous, pour ne nous voir jamais.

*N E P T U N E.*

Dieux ! Quel mélange de tendreffe,
De rigueur & d'effroi !

*N A ï S.*

Vous me verriez moins de foibleffe,
Si je ne tremblois que pour moi.

Un Oracle fatal … Je crois toûjours l'entendre,
Je crois voir fous nos pas mille gouffres ouverts…
Quel fecours pourroit nous deffendre
De la fureur du Dieu des mers ?

*N E P T U N E.*

Ciel ! Vous craignez Neptune , & ce Dieu vous
     adore.
C'eft tout ce que l'Oracle a pu vous déclarer....
        Quoi Nimphe vous tremblez encore?

*N A Ï S.*

Dieux ! Neptune ! . . . A mon cœur il pourroit
     afpirer ?

       Ah ! Fuyez , craignez fa colere :
       Par pitié pour moi fauvez-vous.
       Que ne peut point un Dieu jaloux ,
       Contre un Mortel qu'on lui préfere?

*N E P T U N E.*

       Amour tu termines nos maux :

       Cedez au tranfport qu'il m'infpire.
       Terre , jufques dans fon empire ,
       Ouvre un paffage au Dieu des eaux.

*La terre s'ouvre ; Neptune & Naïs s'abîment. Le*
*théâtre change ; il repréfente le Palais de Neptune.*

**SCENE**

# SCENE V.

Toutes les Divinités de la Mer : NEPTUNE,
& N A ï S qui paroiſſent dans le fonds, à la fin
du Chœur ſuivant.
*CHŒUR.*

Coulez ondes, mêlez votre plus doux murmure
A nos accords harmonieux.
Dans ce ſéjour délicieux
Plaiſirs, faites regner cette volupté pure
Que vous répandez dans les cieux.

*NA ï S, NEPTUNE.*

Que je vous aime !
De l'Amour même
Je crois entendre la voix.
Quels tranſports !... Quel bien ſuprême !
Rediſons mille & mille fois,
Que je vous aime !

*NEPTUNE.*

Protée rend le Trident à Neptune.

Une Divinité nouvelle
Embellit ce ſéjour.
Sous mille traits rians, que les jeux & l'amour
Sans ceſſe volent autour d'elle.

H

## C H Œ U R.

Une Divinité nouvelle
            Embellit ce féjour.

### N E P T U N E.

Que Protée à fes yeux faffe éclater fon zele :

*Avec le* C H Œ U R.

Sous mille traits rians que les jeux & l'amour
            Sans ceffe volent autour d'elle.

*Le Divertiffement eft formé par les Divinités des Mers,
fous des deguifemens agréables, & il eft conduit
par* P R O T É E.

### N A Ï S.

Ne quittez plus l'Amour, plaifirs, lancez fes traits,
Faites briller fes feux, triomphez de fes peines.

            Vous lui devez tous vos attraits,
Qu'il vous doive à fon tour la douceur de fes chaînes ;
            Mais gardez-vous de les brifer jamais.
                                        *On danfe.*

### N E P T U N E.

Tous les plaifirs s'offroient à mes vœux tour à tour.
Le bonheur me fuïoit : En eft-il fans l'amour ?
            Delicieufe & vive flâme,
Charme des vrais Amans, fentiment enchanteur
            Vous feul pouviez remplir mon cœur ;
Le bonheur avec vous a volé dans mon ame.
                                        *On danfe.*

*NEPTUNE.*

Ceffez de ravager la terre :
'Aquilons, aux mortels ne faites plus la guerre :
Eole, enchaîne leur fureur.
Zéphirs, que votre douce haleine
Répande dans les airs , & fur l'humide plaine
Les charmes de la paix qui regne dans mon cœur.

*L'Opera finit par une Contredanfe generale.*

# F I N.

## A P P R O B A T I O N.

J'Ai lû par ordre de Monfeigneur le Chancelier , *Naïs* , *Opera pour la Paix* , & je n'y ai rien trouvé qui doive en empêcher l'impreffion. A Verfailles ce 14 Mars 1749. DEMONCRIF.

## *P R I V I L E G E   D U   R O Y.*

LOUIS par la grace de Dieu, Roy de France & de Navarre : A nos amés & feaux Confeillers , les Gens tenans nos Cours de Parlemens , Maîtres des Requêtes ordi- naires de nôtre Hôtel , Grand'Confeil , Prevôt de Paris , Baillifs , Sénéchaux , leurs Lieutenans Civils , & autres nos Jufticiers qu'il appartiendra , Salut. Nôtre très-cher & bien amé le Sieur LOUIS-ARMAND EUGENE DE THURET , cy-devant Capitaine au Re- giment de Picardie ; Nous a fait repréfenter que , par Arreft de nôtre Confeil du 30 May 1733. Nous avons revoqué le Privilege qui avoit été accordé au Sieur le Comte & fes Affo- ciez , pour raifon de l'Academie Royale de Mufique , fes circonftances & dépendances , & rétabli ledit Privilege en faveur dudit Sieur Expofant , pour en joüir par lui , fes Affo- ciez. Ceffionnaires & ayans-caufe aux charges & conditions portées par ledit Arreft , pen- dant le temps & efpace de vingt-neuf années , à compter du premier Avril de ladite année 1733 & que pour l'exploitation dudit Privilege , ledit Sieur Expofant fe trouve obligé de faire imprimer & graver les Paroles & la Mufique des Opera qui doivent être repréfentés ; mais que pour cet effet il a befoin de notre Permiffion & des Lettres qu'il Nous a très-hum- blement fait fupplier de lui accorder. A CES CAUSES , voulant favorablement traiter ledit Expofant : Nous lui avons permis & permettons par ces Prefentes de faire imprimer & graver *les Paroles & Mufique des Opera , Ballets & Fêtes qui ont été ou qui feront reprefen- tés par l'Academie Royale de Mufique , tant féparément que conjointement* en tels Volumes ; forme , marge , caractere , & autant de fois que bon lui femblera , & de les faire vendre

& debiter par tout notre Royaume ; pendant le temps de vingt-neuf années confecutives à compter du jour de la datte defdites Préfentes. Faifons défenfes à toutes perfonnes, de quelque qualité & condition qu'elles foient d'en introduire d'Impreffion ou Gravure Etrangere dans aucun lieu de notre obéiffance : Comme auffi à tous Imprimeur, Libraire, Graveurs, Imprimeurs Marchands en Taille-Douce, & autres de graver, ni faire graver, imprimer, ou faire imprimer, vendre, faire vendre, débiter ni contrefaire lefdites Impreffions, Planches & Figures de Paroles, de Mufique des Opera, Ballets & Fêtes, qui ont été ou qui feront reprefentez par ladite Académie Royale de Mufique, tant féparément que conjointement en tout ni en partie, fans la permiffion expreffe & par écrit dudit Sieur Expofant, ou de ceux qui auront droit de lui ; à péine de confifcation, tant des Planches & Figures, que des Exemplaires contrefaits & des Uftanciles qui auront fervi à ladite contrefaçon, que Nous entendons être faifis en quelque lieu qu'ils foient trouvez ; de dix mille livres d'amende contre chacun des Contrevenans, dont un tiers à Nous, un tiers à l'Hôtel-Dieu de Paris, l'autre tiers audit Sieur Expofant, & de tous dépens, dommages & intérefts, à la charge que ces Préfentes feront enregiftrées tout au long fur le Regiftre de la Communauté des Libraires & Imprimeurs de Paris, dans trois mois de la datte d'icelles ; que la Gravure & Impreffion defdites Paroles & Opera fera faite dans notre Royaume & non ailleurs, en bon papier & beaux caracteres, conformément aux Reglemens de la Librairie, & notamment à celui du dix Avril 1725. & qu'avant de les expofer en vente les Manufcrits gravés ou imprimés feront remis dans le même état où les Approbations auront été données ès mains de notre très-cher & feal Chevalier Garde des Sceaux de France, le Sieur Chauvelin ; & qu'il en fera enfuite remis deux Exemplaires de chacun dans notre Bibliotheque publique, un dans celle de notre Château du Louvre, & un dans celle de notre très-cher & feal Chevalier Garde des Sceaux de France, le Sieur Chauvelin : Le tout à peine de nullité des Préfentes ; Du contenu defquelles Vous mandons & enjoignons de faire jouir ledit Sieur Expofant, ou fes Ayants-caufe, pleinement & paifiblement fans fouffrir qu'il leur foit fait aucun trouble ou empêchement. Voulons que la Copie defdites Préfentes, qui fera imprimée tout au long au commencement ou à la fin defdites Paroles ou Opera, foit tenue pour düement fignifiée ; & qu'aux Copies collationnées par l'un de nos amés & feaux Confeillers & Secretaires, foy foit ajoûtée comme à l'Original. Commandons au premier notre Huiffier ou Sergent, de faire pour l'exécution d'icelles tous Actes requis & neceffaires, fans demander autre permiffion, & nonobftant Clameur de Haro, Châtre Normande & Lettres à ce contraires. CAR tel eft nôtre plaifir. DONNE' à Fontainebleau le douziéme jour de Novembre, l'An de Grace mil fept cent trente-quatre, & de notre Regne le vingtiéme : *Et plus bas*, Par le Roy en fon Confeil. *Signé* SAINSON, avec paraphe.

*Regiftré fur le Regiftre VIII. de la Chambre Royale des Libraires & Imprimeurs de Paris, N. 797. fol. 779. conformément aux anciens Réglemens, confirmés par celui du 28 Février 1723. A Paris le 23 Novembre 1734.*

G. MARTIN, *Syndic.*

De l'Imprimerie de la Veuve DELORMEL, & Fils, Imprimeur de l'Académie Royale de Mufique, ruë du Foin, à Sainte Geneviéve & à la Colombe Royale.

9 782329 679570